Den Suchend-Träumenden

# Lieder des Kampfes und der Hoffnung

## Politische Lyrik

Martin Kankel

Bibliografische Information der Deutschen Nationalbibliothek: Die Deutsche Nationalbibliothek verzeichnet diese Publikation in der Deuschen Nationalbibliografie; detaillierte bibliografische Daten sind im Internet über http://dnb.d-nb.de abrufbar.

**Impressum**

Erstausgabe, November 2007.

Herstellung und Verlag: Books on Demand GmbH, Norderstedt.

Umschlaggestaltung und Satz: Roman Rutkowski.

Printed in Germany.

ISBN 9783833496660

# Inhalt

Akkumulation des Kapitals scheint der Zeit oberstes, nein, scheint ihr einziges Gebot. Kunst, Sinn und Form unterwerfen sich diesem Zweck. Das allerorten sich erhebende ausflüchtige Gestammel von entgrenztem Denken in der Postmoderne verteidigt die Gewalt des Geldes und derer, die über es gebieten. Dichtung hat unpolitisch zu sein - suggerieren Wettbewerbe, Zeitschriften, Fernsehsendungen zur Lyrik unserer Zeit. So sehr sich auch der Dichtende in seine kleine Welt des Schreibtisches zurückzieht, er spürt verbittert die Krallen des Geldes, die sein Werk zerstörend umklammern. Hast – schneller Wechsel der verbildenden Bilder – Lust am Grausamen – hindern den Menschen an innerer Besinnung. Gleichsam zerstören sie heilenden Zweifel und berauben den Menschen des Bedürfnisses, Kultur und Literatur zu genießen - sie zu durchdenken. Das Gedicht, scheint, trotz der scheinbar schnell überschaubaren Kürze, hiervon besonders betroffen. Ich bin mir sehr sicher, dass dieses kleine Büchlein kaum von einem Dutzend Menschen gekauft wird – Noch weniger werden es lesen. Und wäre es nur einer, so bleibt mir die Hoffnung - mit meinen bescheidenen Versen dessen Denken zu bereichern.

Wer bloße Erbauung sucht, wird hier nicht fündig, wer harmlose Sprachspiele sich wünscht, wird hier enttäuscht, ja der, der überspitzt intellektuellem Gehabe ergeben, die politische Aufgabe von Dichtung leugnet, wird dieses Büchlein verachten.

Ja, Kunst bedarf der Provokation - aber nicht um ihrer selbst willen.

## Suche

Studier´ noch, was Du wohl hast studieret
Zu uns, zu mir selbst doch auch zu finden
Hab´ so Vieles schon probieret
Und gleiche doch nur fort dem Blinden

Ob ich im Rausch der Nacht wohl lag
tiefsinnend mich in grübelnd Schweigen wog
Selbst wenn ich andre Leut´ auch frag
Kein Licht noch Erklärung mich anzog

So bin und bleibe ich wohl nur Narr
Schatten zu durchsteigen, lesend, träumend,
auch wohl fragend gar.
Nie fand Ruh die Seel´, sich stets aufbäumend

## Aufruf zum Kampfe

Milliarden Kristalle sind – wozu noch formen
Milliarden Worte sind - warum noch reden
Warum nicht schweigen Tag um Tag
Sprachgewalt bringt nicht die Welt zum Beben

Sind Milliarden Buchstaben – wozu noch schreiben
Und Milliarden Stimmen – warum noch schreien
Warum nicht schweigen Tag um Tag
Das Glück der Welt die Zahlen seien,
Zahlen gepreßt auf Papier

Sind Milliarden Wesen – wozu noch leben
Und Milliarden Fernen sind – warum noch schauen
Warum nicht schweigen Tag um Tag
Denn alle, die ein neues Leben bauen
Stehen bald vor Scherben

So begibt Dich jetzt zur Ruh´;
Begib´ ins Sterben Dich
Denn ohne Hoffnung bist nun Du

## In all´ der Hoffnungslosigkeit

Beim Genusse schwermütigen Weins,
durchs fahle Fenster des Scheins,
dringt eine Stimme des Gestern,
der Mond trug sie zu mir

Sie bricht so kühl dies Glas
Ihr Licht erklärt mir, dass
Vergangenes nie verdrängbar wird,
wenn das Hirn den Gedanken gebiert,
sich selbst ins Nichts zu bringen,
verzerrende Angst will in uns dringen

Wenn Du dann gar zu schnell vergißt,
das alles einmal nur gegeben Dir
das Du hier einmal zu Gast nur bist
und nicht mehr zählt dein jetzt und hier

Der Mond, gehüllt in Schweigen,
Mein Wein geht nun zur Neigen,

Die beiden zeigen nicht den Weg aus dunkel dumpfer Ahnung

## Blutquell Hass

Uns fehlt´s an Kraft, zu widerstehn der Mut;
Das Leben gar zu schnell vergangen,
Nie  zu bejahen es als des Menschen höchstes Gut
Zivilisation im Strom „Gewalt" sich schnell verfangen

So nährt der blinde Zorn den Quell,
Den tiefen Sumpf: Brutalität
Und sehn´ ich auch des neuen Menschen Morgen hell,
Zur Umkehr scheint mir`s längst zu spät

Des Hasses Blutquell bleibt die Dummheit
Ignoranz des Krieges mächtges Kleid
Du Neid gibst unsrer Welt die Nacht
Dem einen Religion, dem andern Gier nach Macht

Oh schale Lust am Geld
Läßt Menschen sterben, Bäume brechen
Zerstörest blindwütig unser aller Welt
Einer will am andern rächen
Was er für dessen Schuld wohl hält

Und niemand kennt das Wort „Genügen"
Blutquell Hass will nie versiegen

## Dem Schweigenden

Wie jung dein Streben doch ist,
wie unverbraucht, fast roh.
Egal welche Lüge, egal welche Show
Du traust den Schatten, glaubst den Mist

All´ ihrem Gefasel von Freiheit
Von den Zwängen der armen Industrie
Weniger Lohn für weniger Freizeit
Wasser für dich, den Wein trinken sie

Multimedialer Redebrei
zerstört die Lust am eigenen Denken
tagtäglich Einerlei
Du freust Dich der Farben, die sie Dir schenken

Bist ein kleines Zahnrad nur in einer großen Maschine. Zu ihrem
Stillstand wird dein Ausfall nicht führen und doch bewegt auch der
kleinste in einen See geworfene Stein dessen Oberfläche!

## Arbeitslos

Glaubst du den Morgen gegangen
auf ewig im Gestern gefangen
Meinst du, er kehrt nie wieder dir
Dir, der du einst so groß gewesen

Nun sitz du hier, die Knochen schmerzend
Zum Nichtstun fehlt dir Lust
Streichelst dein Bier so herzend
Und stilisierst gezwungen lächelnd deinen Frust

Gibst schreiend aller Welt die Schuld
Im Herzen aber glaubst an Fehler Du,
die  Du nie begangen
hoffend auf jeden sterbenden Morgen, mit Ungeduld

Erkenne, dass du zum Heuchelnden nicht geboren warst
Erkenne, dass dein Los dich ergriff, da du Dir treu bliebest

Weinend, trinkend, schreiend
Hoffend, hoffnungslos verloren
Gierend, erschlaffend
Gebärdend, selbst erschaffend
und schließlich: Bring´ mich fort – heim!

# Hoffnung[1]

Ein ferngeglaubter Traum
auf leisen Sohlen schleicht
im nachterdachten Raum,
hinterlässt nur dein „vielleicht"

Kein Vor-, kein Nachgeschmack,
kein Gestern und kein Morgen
Nicht Kummer, wie ich`s sag'
erfüllt mich nun mit Sorgen

„Im Dunkel des gelebten Augenblicks"
kein hoffnungslos-staunend Gebaren
kein Geist erstickt im Nichts
kein Warten auf ewig´s Fortfahren

Nur jetzt, nur hier
nur ewig sein
kein ich, nur wir
Ja, nur mehr Abel ohne Kain

---

[1] Erstveröffentlichung unter der jetzigen Überschrift in:
Bibliothek Deutschsprachiger Gedichte. Ausgewählte Werke IX, Gräfelfing 2006.

# Krieg

Langsam mischt sich Rot in das Kristall,

mehr und mehr zerstört es Einzigartiges- ohne neu zu schaffen.

Flocken sind gefallen vor langer Zeit auf dieses Eisfeld.

Doch nun teilt ein Körper hier den Schnee.

Die Lippen auch sind unnatürlich rot.

Das Gesicht gleicht schon dem weißen Untergrund.

Fast macht uns die Situation glauben,

es sei ein Schläfer nur.


Doch Stund auf Stund - er regt sich nicht.

 Wir heben unsern Blick

und sehen nun das ganze Feld voll Schlafender.

Ein Sturm zieht auf,  verdeckt die leblosen Körper.

Kleine weiße Hügel sind noch zu sehen. Doch auch sie verschwinden

schnell und mit ihnen das Gedenken an die Schläfer.



Und Schnee folgt auf Schnee, Schlaf auf Schlaf, Tod auf Tod, und

nach dem Vergessen schließt

sich der ewige Kreis.

Doch plötzlich taut das Eis.

Knochen auf Knochen liegt:

ein Feld des Grauens.

Wir wenden uns ab- vertragen den Anblick nicht.

Versuchen zu verdrängen, was wir taten.

Doch Ruhe finden wir nicht.

Sie stehen auf, die Toten, jede Nacht, in jedem Traum.


Sie fordern nur Vernunft, mehr nicht...

## Mollwitz 10. April 1741 oder Der Rock

Träume erstarben, als er den Schlamm zwischen seinen

Zähnen spürte.

Alle Illusion zerrann.

Der bunte Rock, dem sein Stolz einstmals galt,

war nun von Blut und Schweiß und Kot befleckt.


Der Himmel entschwand,

als kalte Hirn des Freundes sein Kleid benetzte.

Seine Augen waren farblos—fahl—grau

und zeigten die kleine gebeugte Gestalt der Mutter

Sorgenvoll blickt sie auf das Feld.

In den Saatkorb birgt sie Arm und Bein des Verlorenen.


Und nicht nachgebend hält sie die vom Rumpf getrennten Hände ihres

Sohnes, die trotz des Blutes ihr aus Marmor scheinen.

Gestein das seinen Ursprung in ihr nahm.

wie eine Bildhauerin hatte sie geformt,


doch nun war Kunst und Sinn zerstört...

(1994)

## Ich, Du, Wir und in uns Eichmann

6 Millionen Seelen, die auf den unseren ruhen.
Uns anklagend, Tag um Tag.
Die wir ziehen in lackledernen Schuhen,
in Hemd mit Schlips und Frack

Einen knurrend Magen kannten sie nie
Nur das flaue Etwas, das ihnen quälend
jedes Denken austrieb, gleich leidendem Vieh
Ihre „Gnadentage" nicht einmal zählend
Die Sie im Diesseits weilten

Geboren um zu sterben, ohne je gelebt zu haben
Ohne je gelesen, ohne je die alten Weisen gehört
Ohne je sich an Apollons Himmelswagen zu laben
Und nie mit Fragen einen andern Denkenden gestört

Den Verlust kreativer Einzigartigkeit begreifst Du nicht,
der du das Jetzt verteidigst, Individualist,
der die eigen Freiheit mißdeutet als allgemeines Licht
und der doch nichts bleibt, denn ein Egoist

Im Jahre des morgenländischen Herren Zweitausendundfünf gingen sechs Millionen Menschen am Hunger zu Grunde
Fünf Milliarden Dollar wären nötig gewesen, ihre Leben zu retten und dem Hunger auf der Welt ein Ende zu setzen!

Eichmann gleich, sitzen wir brütend über Zahlen und vergessen den Menschen – Bürokraten sind wir geblieben

## Im Hegelschen Sinne – Narziß in mir

Ich will nur eines:
Ganz Geist für sich sein
Ich will nur Begriff, in mir allein
Nicht Erklärbar durch Prädikat
So nurmehr reines Sein

Und du, und ihr es nicht versteht -
den Traum für Nichts
Losgelöst von aller Verankerung - sich nur selbst erstrebt
und sich nur selbst begehrt
im Kampfe um sich mit dir und euch
Der nur sich selbst verzehrt

Der nur will sein, was er nie war
Ein Traum, ein Wort, das selbst sich nur gebar

Und Stummheit schweigt im Unbegrenzen
Und Stille grenzt ins Wort

## Rachegöttin

Die Tür sprang auf
Der nächtge Tod war da
Und eh ich ihn sah
Zog schwarzes Licht herauf

Alles Warten, alles Kämpfen
Nutzlos war
Als er mich griff
Da erblickte ich mich in ihr
Umwoben von sonnendurchtränkten Dämpfen

Kein Memnoch wars
kein Glückesbringer,
der Eitelkeit Bezwinger
kein blutge Sensenschwinger
Erinnyen! Schlangenhaars

Zeigeten auf mich
Schuld an dir
Klebt nun an mir
Bringt mich fort von hier
Hin zu sich - Zu ihr

## Eines Atheisten Gebet

Der Weg ist lang, auf dem wir gehen und an seinem Ende steht der
Frieden nicht.
Doch wo liegt der Sinn in ihm?
In Dir und mir. In unserem gemeinsamen Kampfe, in unserer
gemeinsamen Liebe, die ihn bedingt.
Weinen und Lachen, Haß und Gier, Einsamkeit, Trauer sind Attribute
des Pfades.
Doch der Weg ist Wirklichkeit und Traum.
Nicht Wirklichkeit soll unser Handeln prägen, sondern der Traum, der
Traum von Liebe und Unsterblichkeit durch Tat und Wille. Wille ist
der Schlüssel zum Erfolg .
Die Form allein ist Zufall und ohne Rolle im Lebensspiel. Doch die
Form ist auswechselbar, Dein Geist nicht.
Herz ist ein Muskel, die Seele bleibend. Seele ist Dein Sein in alle
Ewigkeit.

Ewigkeit kennt Schranken nicht, und Zeit.
Drum laß uns Götter hier auf Erden sein, errichten unser eigen
Paradies.

Und hör nicht die Versprechen alter Männer, reden von dem Himmel
hoch. Glaub :Akzeptanz eines höheren Wesens ist Verfall, Tod und
Sterblichkeit. Laß uns die Schöpfer sein und schaffen eine Welt: eine
Welt ohne Ende. (1997)

## Und also sprachst Du – Nietzsche – Mensch für sich

Ihr Seienden werdet die Gewesenen,
Gehet und räumet euren Platz
Ich verbiet euch jeglich´ Wort, ja, jeden Satz
Oh sterbet hin ohn Zögern noch Wort
Sterbet!


Wie wohl ist der Gedanke mir
Das ihr wollt, dass ihr sollet gehen
Geht schnell, als verendendes Getier
Gewürm, und laßt die Asche schnell verwehen
Und einst wird sein der Übermensch ein Glück der Welt,
Dionysos wird kämpfend Denker


Phrasendrescher der Humaniät
Vernichtet euch und geht

Oh, glaubt: im Mensch-Tier bin ich - ich

## Zukunft?

War ein alter Tod,

saß verächtlich und gemächlich darnieder beim Rosenstrauche,

dacht` nach über die am Leben hingen,

es krampfhaft zu umklammern.

Gar schwer machten sie ihm das Handwerk,

so daß er müde wurd´.


Welch´ Freude brachten ihm doch die Narren früherer Zeit,

die sich sinnlos in ihn gestürzt,

Vaterland und Ehre auf den Lippen, manchmal Liebe auch.

Doch Leben hieß genießen nun und nicht mehr Sehnsucht nach dem

Drüben.


Ach was war'n doch das für Zeiten, da Krieg und Seuchen noch auf

Erden ihm die Arbeit brachten.


Und traurig wurde der Gevatter bei all´dem Glück der Irdischen,

längst hatten sie vergessen ihren alten Zwist,

Herkunft, Rasse, Volk;

Auch die Religion scheint ihnen so völlig unbekannt;

Wollen nicht mehr streiten, welcher Gott der wahre Vater sei.


Verdruß überkam den kranken Knochenmann.

nun da der Mensch beginnt, an seiner Endlichkeit zu zweifeln,

scheint nichts die Hippe nähren zu wollen.

## Wissen

Die aus dem Traum Geborene entstieg demselben unbemerkt,

so daß der Fremde wahrnahm, ohne zu erkennen.

Traumhaft traumatisches Nachtmahr senkt sich auf die Lider des

Denkenden

gebeugt und erhoben, gekrümmt und verzogen

dem himmelhohen Abgrund entgegen

gezeugt, gedemütigt und belogen

## Dem ewigen Achill

Singet mir Musen die Taten des Ewigen auf immerdar!


Verstecke Du Deinen Sohn, Göttin des Meeres,

immer werden Menschen sein, dem listenreichen Laertiaten gleich, die

ihn finden

Immer wird Hass ihn nähren

Immer wird man seiner bedürfen

- im Kampf um Öl,

wider die konstruierten Achsen des Bösen

wider die Ungläubigen,

wider die Konzerne


Oh sieh, Achill, überall stehen Ilions Tore verschlossen und harren

Deiner


Sterbend vergehst Du nie

## Dem Utopier des Jetzt

Bleibst im Jetzt, das das Gestern bespie,
und mit ihm tiefen Glauben;
Doch ihren Kampf vergesse nie
trug ihr Wein auch keine Trauben
Ihr Rebstock erblühte einstmals hie,

Utopier des Einst erschufen deinen Traum
Doch lebten Sie ihn nicht
Er blieb nicht in der Nichtschlafenden Raum
Geblendet von der Wünschen glühendem Licht
erschufen sie nicht einmal dessen Widerschein

Verwoben alles um und in dich fasst
dich greift, wohl dich nur meint
im Mittelpunkt den du stets haßt
Und mit ihm bleibst doch du vereint

Gesteh´ nur was du immer dachtest
so wirst du Opfer sein
sie fürchten die Flamme, die dabei du entfachtest
denn du wirst ihr Zerstörer sein

Zerstörer dessen, dass den Untergang verdient
des Lebens Knechter, der Treue Pein
Jener die den Speichellecker nicht gemimt
und jener, denen nur gilt „mein"

# Der ich immer war

Ich sitze und alle Schwärze greift ins Blau;
und alle Bläue geht ins Grau
wird endlich weiß - verfärbt sich nicht

Das Tote dann ins Leben faßt
Und Ruhe wird zur Eile
Aus Eile aber ward mir Hast
Und drückt die Sehnsucht nieder

Ein ewig Wollen, ein fließendes Streben
Beständiges Sollen, erkaltendes Leben
Kommt um mich nur

Und als das Auge Träne wurd´
Ihr Wasser schwemmt in leeren Raum
blieb Stein mein Herz und Wort
Begrenzte die Insel am Meeressaum

Im Lande Melancholia
Wo und wie ich immer war

## Nachtmahr

Schönheit liegt allein´ im Traum,
er begräbt die Makel des Abbildes
willst dich lösen vom Realitätensaum,
im Dunkel bedarf es keines weiteren Schildes,
nicht Schirm noch Schutz
vor der Welten Grausamkeit,
vor all´ dem Ekel, all´ dem Schmutz
stumm genießend Einsamkeit.

So lockt dich nun das Reich der Phantasie,
Zeit zum Hoffen, Zeit zum tiefen Glauben
Doch Träumer, du erreichst es nie
Das Jetzt wirds Wünschen rauben

Und Nachtesschwingen breiten
sich über herbstlich Grau
die Wolkengrenzen überschreiten
Ascheregen strömen zielgenau,
in ungebaute Häuser,
mischen sich in Blut und Kindsgeschrei,
blauschwarzgrüne Farbflächen erblickst nun Du
Ach wärst du doch der Sorgen endlich frei
wie lange noch, blickt ihr der Szenerie nur zu?
Wie lange noch wollt ihr in diesem Nachtmahr leben?

## Blauer Schmerz

Schrei ins Licht,

will ins Dunkel zurück,

wo Geborgenheit ist,

wo alle Schuld für immer ruht,


wo niemals um Verzeihung bitten ist;

nur denkend Leben!

## Symbole der Sonne

Tausend Blumen brennend auf Feldern,
auf Feldern der Ehre, auf Äckern des Blutes,
den Symbolen der Sonne, den Symbolen der Nacht
Den Nächten des Gewissens, dem Willen zur Macht
zum Opfer dargeboten, zum Opfer dargebracht

Staat der Freiheit, der Freiheit des Mordens,
des Mordens durch Bilder, der Vernichtung des Volkes
eines tausendjährigen Volkes, das in Dummheit erstickt
Kein Glaube mehr an gemeinsames Tun
Kein Schaffen, jeder Gemeingeist verstummt

Jeder Kampf unter ehernden Fahnen vergeblich bleibt,
vergeblich scheint, Washington zieht die Fäden die uns führen
dem ewigen Abend entgegen, lichtlos, ohne uns zu rühren

Und in ihren Träumen – wieder - die glühend´ blut´ge Swastika

## Im Hegelschen Sinne´- und noch einmal – einem Kehrreim gleich

Ich will nur eines:
Ganz Geist für sich sein
Ja, nur Begriff in mir allein
Nicht Erklärbar durch Prädikat
So nur mehr reines Sein

Und du, und ihr es nicht versteht
den Traum für Nichts
Losgelöst von aller Verankerung sich nur selbst erstrebt
und sich nur selbst begehrt
im Kampfe um sich mit dir und euch
Der nur sich selbst verzehrt

Der nur will sein, was er nie war
Ein Traum ein Wort, das selbst sich bloß gebahr

Und Stummheit schweigt im Unbegrenzen
Und Stille grenzt ins Wort

## Die Neun Federn

Zwei Wesen - einer Seele Herr,

Zwei Herzen – eines Wunsches Schmied,

Zwei Träume doch von gleicher Handlung,

in diesem Zimmer sind

Zwei Träume in einem durchleben wir Arm in Arm

Neun Augen sind es die uns sehen

Zehn Finger zeichnen Bilder auf weicher Haut

Neun Federn zeigen Pfade, die uns offenstehen

Neun Federn führen mich zu Dir

(1996 – für Claudia)

## Mutter

Als es ging, das blassgeworden Ideal

Da lagen Scherbenhaufen

So lichtentrissen mit einemal

Warum fortgelaufen?

So fragst nun Du


Und alte Melodien künden von jener Zeit

Bitterer Freude

Ihre Egoismen lebtes du aus zu zweit

Im gestern lag dein Heute


So denkst und fühlst du nun

## SPLITTERNACKTE eGOMANIE

In deinem Ich

Geb ich dir mein mich

Auch wenn du glaubst für Dich

Nichts ist AN SICH


ALLES IST FÜR, ALLES IST DURCH MICH

## Verlangen

Der Nadeln Hundert durchdringen deine Haut
Sich in der Mitte deines Körpers vereinigend
Vereint zur stählernen Hand
Schon erfasst sie Dein Herz
Sieh, ich bin das Ungesagte

Schläfst Du, so träume diesen Schmerz
Es fällt schwer sich mitzuteilen
 - weine nicht
Ich bin das Unaussprechliche

Die Gier nach Neuem steuert Dich
Die Freude einem anderen Leid zuzufügen
sich an ihnen zu ergötzen
Ja, ich bin das Ungesagte - alles was verborgen bleibt in Dir

Und selbst in der zweiten Person ist eine Lüge

# Am Abend

Bunt klirrend zerspringt die Uhr
kristallern glitzert die Zeit
bei Mond und Tag

Nun sitzt er da und puzzelt auch seit Jahren schon
Doch zu verzahnen will ihm nicht gelingen
So wird er versuchen mit Pastell zu übertünchen
in Aquarell auf das Blatt zu heften eine neue Zeit

Doch, ach - die Zeiger lügen, denn sie stehen,

aber er wird älter immerfort.

## Das ewige Herz

So, du ewig kränklich zuckend Ding
An dem ich ständig hypochondrisch hing
Willst ewig du nun schlagen?
Ein dauernd Individuum tragen
Das Duld´ ich nicht


Den silbern glänzend Stahl
Trug unterm Mantel ich
Zog ihn hervor
Was kümmerts Dich

Schneid ich, lös ich die Oberhaut
Leg frei den widerlichen Knecht
Auf zuckend Unbehagen ihr nun schaut
Gewähntes Gut entpuppt als Schlecht

Nun  liegst auf kühlen Kacheln Du
Blutgetränkt, kampfzuckend Grau

## Weiblicher Mephisto

Schwarz in Grau
Ist Haar und Aug´
Hirnbestie, gefühltes ich

Gefühl bist du, Geschlecht
Bist Geist – bist Poesie
Ich danke Dir

Bist Stachel des Widerspruches
Gelebte Disharmonie

Erkenne

Ich bedarf dieses weiblichen Mephistos

# Ignorant

Sind Augen im Herbstwolkenhimmel
meinem Weg sie folgen, deinem auch wohl nach.
Vergessen scheinen Deine Worte und Taten Dir
Du scheinst Dir selbst perfekt, in Deinem Geist, Deinem Sein

Wagst zu richten wissenlos.
Maßt Dir an zu urteilen
Tausend Augenpaare uns umgeben und jedes sieht verschieden
Deine Perspektive Dir nur richtig scheint
Oh wie dumm du bist, überheblich, klein

Wahrheit liegt verborgen in der Erden tief, nicht jeder findet die Stelle
an der er graben muß sofort, wie Du.
Gedanken, Irrtümer, Fehler sind die Schaufeln für diesen Schacht,
der Leben heißt.
Wer nur mit eignen Händen eitel gräbt, kommt nie zum Ziel


Will nicht Dein Führer sein, in Zeiten die Du nicht verstehst
Versuch´ ein Sehen mit dem Herz.

## Himmelsgast

Ich hörte das Rauschen der Wogen,
sie zwangen mich tief hinab
als würd zum Sterben gezogen
in des Wassers kaltblaues Grab

Ich wurde zum Himmel gehoben
Der Wind er schob mich dort hinauf
Und da die Wolken zerstoben
Sah ich der Erdenzeit Lauf

Sah Geist und Gewalt am Wirken
In Kindheit und Altern der Welt
Sah Wald aus Eichen und Birken
gefällt, die Narben zum Felde bestellt

Da zogen Furchen die Ritter
und Kriegsleut´ mit blutigem Schwert
hörten nicht Flehen noch Bitten
der Menschen um Leib und Herd

Noch bitterer wütete Winter
und Pest zog im Lande umher
doch bauten die Menschen geschwinder
stelleten Herd und Heim wieder her.

Doch dann kam das Leid des Geldes,
Der Wucher hob feindselig an
Er wurd´ zum Wirtschaftsgestalter
Und zog das Bürgertum in seinen Bann

Dem Wucher beugt sich der Städter,
der Bauer folgte ihm nach
Geld wurde zum Geistestöter
der weltlich Adel zerbrach

Und als nun keimte der Schrei,
nach Akkumulation
Ergoß sich pietistischer Redebrei
Der Arbeiter rief „Revolution."

Der Kampf der Klassen
wurde vom Kapital verdrängt
Im Kampf der Rassen erstickt
Der Rest von Revolutionierern erhängt.

Da wurd´ ich glücklich gewahr,
eine Wolke ins Bild sich nun schob
Und fragt ich, was dann geschah
So ein groß Gelächter anhob.

Es sprachen die Weltenbegrüder

Ach gräme dich Menschlein nicht,

zu glauben scheint uns doch gesünder

Denn mehr als Rädchen bist du nicht


Ich glaubt mich von Göttern betrogen

Und verfiel der Depression

Und sah, hätt´ ich besser gewogen

Mein eigen Anteil hiervon


Geschoben, gezogen, gedrängt und gedrückt

Wo blieb mein eigen Streben am Leben

Zur Maschine gestempelt wurd´ nun ich verrückt

# Angst

Folge nach, Gedanken meiner Einsamkeit trotz Dir
Denn wieder Nacht wird sein, mein' einzig Freund, gehst Du!

Frag den Mond, warum ich traurig bin, trotz Dir.
Des Unsterblichen Tod wird sein, gehst Du!

Voll Zwielicht ist der Pfad, auf dem ich schreite, trotz Dir.
Und Angst ist da, ungekannte Angst

## Eros et Thanatos

Sieh den blondbelockten Knaben
dort unterm Rosenstrauche sitzen
Sein Antlitz glitzert Marmorfarben
und frech die Äuglein blitzen
- der Fackel gleißend Licht schimmert in ihnen

Ich lief ihm zu,
da ist er fortgeflogen
Nun dacht ich, ich fänd Ruh´
Doch ist mein Herz wohl mitgezogen
- mit Freude betrachtet der mächt´ge Gott sein Opfer

Schon im nächsten Traum sah ich ihn wieder
Und ihn zu fragen, beeilt ich mich
„Wess´ Lied schreibst Eros du nun nieder?"
„Siehst Du dies, es quälte Dich"
Die zarte Hand hob er empor

Da hielt er ein blutig zuckend Ding
Fest umschloß er den Muskel des Gefühls
Getaucht in brennend Pfeil es Feuer fing

Ich lachte, ich weinte, ich schrie

„Oh, gib mich frei, Freund Cupido

Doch warte, ich ruf Hilfe mir

Deinen Feind erkennen sollst nun du"


Da wünscht ich, das Nacht es sei,

so rief ich den Sohn der Nyx

Sieh - schwarze Schwingen tragen ihn herbei

Als schöner Gott des Todes kommt er jetzt zu mir

Schlägt auf das Knäblein ein

Doch Eros pariert die Hiebe des Thanatos


Und so kämpfen die beiden täglich in mir

Die alles schaffende und die alles zerstörende Kraft

## Etwas Überheblich

Dem Mathematiker werf´ ich die Zahlen vor
Wo zeigt sich in der Natur der Grundsatz eins ist gleich eins
Gibt es die allgemeine Form
Nein – Siehe dein Fach scheitert am Individuellen

Dem Chemiker sei gesagt
Ist ein Orbital Materie?
Du aber glaubst an Mechanismen
Hilft Dein Glaube auch der Welt
- besser wird sie durch dich nicht

Den Ideologen aber, dem ewig sich anbiedernden Historiker
fordere ich auf – Erzähle!
Denn mehr vermagst Du nicht:

- nicht in dieser Zeit

## Im Spiegel

Und bin ich mit dem Spiegel dann allein

so wünsch´ ich der im Spiegel nun zu sein,

der träumend sich den Zeitenlauf beschaut

Im Wahne Himmelsschlösser baut

sich Flügel wachsen sieht und überhebend,

die Sucht nach Neuem neu belebend,

zerbochen dann dem Spiegel gleicht und sinkt


Und aus den Scherben wächst zusammen ein verschroben Bild

**De la Mettrie**

Allem Erzählen zum Trotze
Der Mensch ist nichts denn Zahl
Erblickst ihn dieses eine Mal
Als Individuum

Schon morgen wird er bedingungslos,
Dem Tier-Rausche verfallen handeln
- bloßes Molekülkonglomerat

Morgen schon umgibt ihn wieder Farbenrausch

und

Lärm

## Ohne Sein- der Arbeitslose

Dies nun ist die Gesellschaft

in die ich dich einführen will


So werd´ ich beginnen mit Base Neid

In ihrem Gefolge steht Schwester Einsamkeit

Da beide unzertrennlich sind

Gehen wir weiter geschwind


Siehst am Buffet des Hasses Gesicht

Neben sich stiehlt der Glaube

In blass-orthodoxem Gewande

Die süßesten Trauben aus dem Gericht


Doch welch grauer Meister steht dort

So einsam und nun verkannt

Neid

## Beflügelte Gefallene

Im tobenden Rausche
sprach Satyrlein zum Sternenbanner
Wehe´, wehe, weh´ im Wind
Bringe den Menschen deine Moral

Gehe, gehe, geh´ und opfere Deine Söhne
bring Deine Töchter dar
Auf dass sie Stärken die Mullahs
Und stärken der himmlischen Schar

## In fernen Welten

Es saßen einst zwei Wesen, im Mondenschein zusammen
Sahen den Himmel schwarz und milchig weiß
Sahen über sich Millionen Gestirne prangen
Fühlten was Unendlichkeit, was „ewig" heißt

Und Er sprach: seht ihr das winzig Pünktlein dort
Das nie zur Ruhe kommen, niemals Schweigen will
Das Milliarden Jahre strebt in einem fort
Von hier aus scheint die Erde beruhigend still

Sie aber sprach: dort wohnt ein trauriges Geschlecht
Stellt euch vor, sie vergiften ihre eigene Luft
Glaubt mir, sie vergiften den Boden, auf dem sie schreiten
Er aber sprach: denkt es leben Rassen dort,
die eine mordet die andere
Sie töten einander in einem fort

## Wut

Wut ist das Bleibende
Wut ist das Treibende,
das alles Verschweigende
in allen Kämpfen seiende

Hoffnung ist das lichtdurchtränkte Streben
dem schöneren Morgen entgegen
Sonnensymbole tragend
Die Stirn der Spötter überragend,
die selbst jede Hoffnung verloren

Trauer ist Musik des Herzens
Tod ihr höchster Gesell´

Kampf ist Ausdruck des Beginnenden;
Des Zerschlagens von tradiertem Unrecht

Nun da du alleine stehst im Angesichte all dieser Deiner Fähigkeiten
Bist du nichts denn ein träumend-sehnend-trauernder Narr
Hebt sich deine Stimm
So sing:
Lieder des Kampfes und der Hoffnung

„Es genügt nicht, das ein Weiser die Natur und die Wahrheit erforscht;

er muß auch wagen., sie auszusprechen zugunsten

der kleinen Zahl derer,

die denken wollen und können.

Denn was die andern betrifft, die freiwillig Sklaven der Vorurteile

sind – ihnen wird es nicht mehr gelingen, die Wahrheit zu erreichen,

als den Fröschen das Fliegen.“

Julien Offray de la Metrie